TRÈS RUSSE

OSCAR MÉTÉNIER ET JEAN LORRAIN

TRÈS RUSSE

PIÈCE EN TROIS ACTES

Représentée pour la première fois sur le *Théâtre d'Application* (la Bodinière), le mercredi 3 mai 1893.

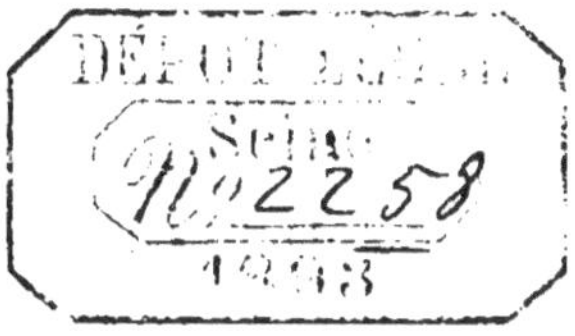

PARIS
G. CHARPENTIER ET E. FASQUELLE, ÉDITEURS
11, RUE DE GRENELLE, 11

1893

PERSONNAGES :

ALLAIN MAURIAT . .	MM. MARQUET
DE BOIS-REDON . . .	BERTAL
HAREL.	BARRÉ
LE MARQUIS DE GORDES	MONTHEREL
LE PRINCE PEPPINO. .	DEPAS
DE MORGAN.	COSTE
Mme LIVITINOF (ex-lady Sore)	Mmes MATHILDE CASTERA
MARPHA	THÉRÈSE WALTER
Mme DE MORGAN. . .	MARIA MARIANI
ROSALIE	GARNIERY
PETCHORINE (travesti muet)	MARTINI

TRÈS RUSSE

PREMIER ACTE

A Florence.

Une salle Renaissance de palais italien converti en salon moderne; deux portes, une au fond donnant sur le vestibule, une à droite dans les appartements de Lady Sore.
Des fleurs; sur une grande table des paperasses et des enveloppes de factures; dans les coins, des malles dissimulées sous des hocarts et des étoffes anciennes; aspect de campement, désordre. Au lever du rideau, Lady Sore, en peignoir, est assise près de la table, sur un pouff, dans une pose de lassitude abandonnée; de l'autre côté de la table, Marpha étudie sa main, tendue au-dessus des paperasses amoncelées.

SCÈNE PREMIÈRE

LADY SORE, MARPHA

LADY SORE

Enfin que vois-tu dans cette main?

MARPHA

Du bien et du mal, des aventures, encore des aventures, même du sang...

LADY SORE, *avec un geste d'impatience.*

Oui, le duel Ramont-Larive, mais c'est passé. L'avenir je te demande, puisque tu prétends....

MARPHA

Je prétends parce que je sais et, si vous n'aviez pas la certitude que je sais..., tiendrais-je votre main?

LADY SORE

Tu te fâches?

MARPHA

La fin de sa seigneurie Lord Hildeby Sore, ne l'avais-je pas prédite, et la mort de monsieur Wilkinson?... Vous savez bien que dans la steppe, nous autres paysans, lisons à livre ouvert les secrets de la vie.

LADY SORE

De la mort, tu veux dire...

MARPHA

De la fortune aussi, car je la vois là, tout près, immense, inespérée, et une fortune inattaquable, une vraie, de l'argent, énormément d'argent!

LADY SORE, *agacée, en faisant voler les paperasses de la table.*

De l'argent.... Mais en attendant, des notes, des factures, une meute de créanciers, Florence inhabitable, un propriétaire qui menace et une situation acquise, au prix de quels sacrifices! à la veille de sombrer!... Et Dieu sait si j'en ai supporté!

MARPHA

Oh! si vous vouliez!

LADY SORE

Recommencer encore... encore mentir, encore m'ennuyer! Un seul me plairait des trois...

MARPHA

Le Français, le jeune?...

LADY SORE

Naturellement, et c'est le seul qui ne puisse rien pour moi.

MARPHA

Ah si monsieur Mauriat avait seulement la fortune du vieux! qui sait s'il ne vous plairait pas moins?

LADY SORE

Peut-être, mais je n'y puis même penser... oh, ce luxe, comme il vous tient! C'est comme un vice et quand on en a goûté... il va falloir sauter le pas, ma pauvre Marpha, et je n'ai même pas le choix, car le prince...

MARPHA

Il principe Peppino, mais c'est le plus joli garçon de tout Florence, trois papes dans sa famille, un des plus beaux palais du Long'Arno et une galerie...

LADY SORE

Qui sera vendue aux Juifs, si d'ici deux ans il n'a pas fait le beau mariage; je lui prépare son héritière, cela vous pose un prince d'être vu dans ma loge! rien à en obtenir que des sonnets sur satin blanc ou moire française, j'en ai trop lu!

MARPHA

Il povero !... reste donc le marquis.

LADY SORE

Le marquis de Gordes, l'homme aux cheveux blancs qui m'aime comme sa fille, épris d'une ressemblance touchante, comme dans la *Dame aux Camélias*. ., a-t-il envoyé des fleurs aujourd'hui ?

MARPHA

Ces cyclamens...

LADY SORE

Oh il sait vivre..., mais être la veuve de Lord Hildeby Sore pour recommencer à être la fille adoptive d'un marquis de Gordes, trop de sexagénaires! C'est au-dessus de mes forces.

MARPHA

Le Mauriat vous plairait mieux !

LADY SORE

Certes.

MARPHA

Mais serait-il homme à songer que Lady Sore peut être à

la fin du mois à cinquante louis près et à savoir glisser discrètement à la femme de chambre le billet indispensable ?

LADY SORE, *vivement*

Le marquis a fait cela ? (*Signe d'assentiment de Marpha*). Et tu as accepté ?

MARPHA

Il s'est trouvé là, quand le propriétaire est revenu hier ; il a entendu...

LADY SORE

Je comprends, c'est bon. (*Après une pause*). Alors, s'il est au courant, voilà qui simplifie les choses. Je n'ai plus à reculer. (*On frappe deux coups de timbre*). Qui est-ce ? Quelle heure est-il ? ils est trop tôt pour aller aux Cascines, ce ne peut être le marquis... il devait me prendre à trois heures

(*Marpha va ouvrir la porte du fond et se penche sur l'escalier*).

MARPHA, *se tournant vers sa maîtresse.*

Le prince !

LADY SORE, *se levant.*

Le prince ! En voilà un pour qui je n'y suis pas. Je dors... je m'habille, renvoie-le !

(*Elle rentre dans ses appartements*).

SCÈNE II

MARPHA, PEPPINO.

LE PRINCE PEPPINO

(*Il entre, jette un coup d'œil étonné sur la salle vide, puis*) :

Ta marquise n'est pas là ?

MARPHA

Le suisse a laissé monter?... mais madame ne reçoit pas...

LE PRINCE

Elle est souffrante?... Et moi qui venais lui proposer une promenade à la villa Palmieri.

MARPHA

Oh! Monsieur le prince... Voilà une promenade qu'il faudra remettre à demain ou après...

LE PRINCE

Oh! quelle disgrace!... Je suis on ne peut plus fâché... Cela n'est pas grave au moins?

MARPHA

Cela l'a pris ce matin...

LE PRINCE

Alors... on ne la verra pas .. aux Cascines... ni à la Pergola, ce soir? Et la Smona qui débute dans *Amleto!*... Vous me voyez navré... vraiment... Elle est si belle, si sympathique, si charmante!...

MARPHA

Mais de qui parlez-vous... de la Smona... ou de madame?

LE PRINCE

De la marquise, per Bacco!... J'avais justement fait en pensant à elle... un petit sonnet .. (*Il tire de son portefeuille un étui blasonné, qu'il ouvre et dont il sort un rouleau de satin blanc qu'il déroule*). Ah! le voici... il est terza rima... très rare... et imprimé à l'encre d'or sur satin de Chine... Touchez! et je vais vous lire...

La neige en fleurs des lys et la pourpre des roses
Se fondent, délicate et divine beauté,
Dans votre chair de femme et c'est la volupté
Qui traça l'arc errant de vos lèvres mi-closes.
Des blondeurs, des roseurs...

MARPHA, *ironique, l'interrompant.*

Madame sera bien heureuse?

LE PRINCE, *ravi, repliant le sonnet.*

Vous croyez... N'est-ce pas?. . Avouez... elle m'aime

beaucoup. Nous autres Italiens... nous savons ce qui plaît aux femmes...

MARPHA

Comment donc ?

LE PRINCE

A-t-elle vu le médecin ?... J'enverrai mon docteur. Je vais vous écrire une recommandation... pour il signor Batti... (*il fait le geste de s'asseoir à la table*).

MARPHA, *s'efforçant de l'en empêcher.*

Bien inutile, monsieur le prince... nous avons...

LE PRINCE, *insistant.*

Si... si... si... laissez !... Je tiens à ce que le signor, il voie la marquise. (*On entend deux coups de timbre*).

MARPHA, *très ennuyée.*

Je vous en prie, monsieur le prince... (*La porte s'ouvre et le marquis de Gordes paraît*).

SCÈNE III

LES MÊMES, LE MARQUIS DE GORDES

LE MARQUIS, *se penchant sur le prince.*

Encore une déclaration, prince !...

LE PRINCE

Non ! pas sur du papier comme ça... (*Montrant son sonnet*). Voilà ! (*lisant*) :

> La neige en fleurs des lys et la pourpre des roses,
> Se fondent délicates...

(*Geste du marquis l'interrompant. Peppino montrant alors sa lettre qu'il écrit*). Ceci, c'est un mot pour le médecin... Elle est souffrante.

LE MARQUIS, *vivement.*

La marquise est malade ?... (*Regardant Marpha*). Qu'est-ce que c'est ?

(*Marpha met un doigt sur les lèvres en secouant la tête, et en désignant le prince*).

MARPHA

Une migraine...

LE PRINCE, *se levant.*

C'est pourquoi je n'ai pas pu la voir... (*Il remet le papier à Marpha*). Voilà pour le signor Batti ! (*au marquis*) Vous venez ?

LE MARQUIS, *après avoir échangé un coup d'œil avec Marpha.*

Non, j'ai un mot à écrire à la marquise... Vous permettez...

LE PRINCE

Je vais vous attendre...

LE MARQUIS, *s'installant, avec impatience.*

C'est que cela va être un peu long... Une affaire dont m'a chargé milady... un renseignement de notaire... A vos ordres d'ailleurs, si vous avez trois quarts d'heure à perdre...

LE PRINCE, *piqué.*

Ah ! si je suis indiscret.

LE MARQUIS, *entre ses dents.*

Absolument !... pas plus que tous les jours... du reste.

LE PRINCE

Je m'en vais. . seulement, dites-moi, mademoiselle, vous remettrez... le petit sonnet... le terza rima sur soie de Chine... Prenez garde de ne pas froisser. C'est délicat... comme de la peau de femme... Je reviendrai... tantôt... prendre des nouvelles... Dites-lui, oh ! combien je suis désolé... de ce malaise... Un vrai contre-temps !.. Monsieur le marquis !... (*Il sort*).

SCÈNE IV

MARPHA, LE MARQUIS

LE MARQUIS, *se levant et respirant bruyamment, à Marpha.*

Pas de nouveaux ennuis, j'espère, et ce malaise ?

MARPHA

Une défaite pour se débarrasser du prince; madame ne peut pas le voir...

LE MARQUIS

Le fait est qu'il est insupportable ?

MARPHA

Je vais prévenir madame.

LE MARQUIS

A-t-elle reçu de Londres les valeurs annoncées... Vous savez que je suis toujours là...

MARPHA

Oh ! monsieur le marquis... Madame m'a assez grondé.

LE MARQUIS

Vous lui avez dit...

SCÈNE V

LES MÊMES, LADY SORE

LADY SORE, *entrant habillée.*

Je vous demande pardon de vous avoir fait attendre, marquis, mais vous m'avez gardé Marpha... et je n'ai jamais su m'habiller seule...

(*Le marquis se penche et lui baise la main. Marpha sort*).

LE MARQUIS

Vous êtes encore plus belle aujourd'hui qu'hier, et sans cette vilaine ombre de tristesse que je voudrais tant voir, tant pouvoir effacer de ce front, vous me rappelleriez à s'y méprendre une personne bien chère...

LADY SORE, *le regardant dans les yeux.*

Votre fille...

LE MARQUIS

Ma fille !

LADY SORE, *s'asseyant.*

Dites-moi... Une fille a-t-elle le droit de se plaindre de son père ?

LE MARQUIS

Pourquoi cette question ?

LADY SORE

C'est que j'ai un grand reproche à vous faire, mon ami. Je ne vous ai pas encore autorisé à solder mes dettes, et vous êtes devenu mon créancier... (*Mouvement du marquis*). Avant d'aller plus loin, permettez-moi de m'acquitter... (*Elle pose sur la table un billet de mille francs*).

LE MARQUIS, *prenant le billet.*

Pourquoi ne me laissez vous pas être votre ami ?

LADY SORE

Un ami payant ?...

LE MARQUIS

J'avais proposé un père... Vous n'avez pas voulu... Pourquoi ne voulez-vous pas ?

LADY SORE

Un père !... incestueux alors ?

LE MARQUIS

Madame ! Quelle idée !

LADY SORE, *tristement.*

Si ce n'était qu'une idée... (*le regardant*). C'est une conviction ! et après tout, vous êtes dans votre rôle... je suis jeune... On me trouve jolie... je vous plais et vous me voyez entourée d'une cour de poursuivants... Vous me savez seule... gênée... Comme vous êtes riche... vous vous êtes dit : Pourquoi pas ? (*Mouvement du marquis*). J'ai bien épousé lord Hildeby Sore, vous avez des chances pour être accepté comme père ? (*Elle se lève*). M'épouseriez-vous ?

LE MARQUIS

Un père... n'épouse pas sa fille...

LADY SORE

Vous voyez bien... j'avais raison... La voiture est là ?

LE MARQUIS

Qu'importe, elle attendra, causons ! (*lui prenant les mains*). Voyons, ma chère enfant.

LADY SORE, *s'asseyant.*

Vous y tenez ?...

LE MARQUIS

Vous portez un grand nom. Vous êtes une des plus élégantes et délicieuses femmes que j'ai jamais connues. Et pour peu que les événements vous aident, vous pouvez aspirer à tout. Seulement vous vous trouvez traverser un moment difficile... Il faut un cadre, il faut un décor de luxe aux êtres d'élite comme vous... Et je viens vous offrir en ami, en artiste épris du portrait, la somptuosité du cadre.

LADY SORE

C'est un marché.

LE MARQUIS

Non ! une fantaisie de Mécène, qui ne veut pas voir mutiler un chef-d'œuvre. Lady Sore ne peut pas être la maîtresse d'un Peppino ou d'un Mauriat. Il faut vivre..., encore moins d'un banquier, car ce serait descendre .. Pour tous, je serai pour vous un père... et je vous conduirai, en dehors de la médisance, au grand mariage que vous devez faire. . que vous ferez !... Ce jour-là, quand l'heure du succès obtenu aura sonnée par vous... je disparaîtrai de votre vie, cela, je m'y engage... et ravi de vous avoir sauvée, car mon œuvre sera faite... Mais d'ici-là... je veux vous arracher à Florence, à vous-même... au danger de vos caprices... à tout ce qui vous entoure enfin...

LADY SORE, *se levant*

Il est l'heure, je crois, de partir aux Cassines... (*sonnant*) (*à Marpha qui rentre*) je dîne ici... je rentre à cinq heures ! (*ils sortent*).

SCÈNE VI

MARPHA seule, puis MAURIAT

MARPHA

Et dire qu'elle hésite... et qu'elle a des ennuis... des ennuis d'argent... Quand elle n'a qu'à vouloir... Ah! si j'avais, moi, de pareils atouts dans la main... mais voilà... elle ne sait pas résister à un caprice... Elle a des fantaisies, des emballements, et des jours viennent comme hier, où, sans un marquis de Gordes, lady Hildeby Sore serait mise à la porte de son palais... Et dire qu'au fond, je suis comme elle... Ah! nous sommes bien du même pays... Nous aurions dû naître sans cœur!... (*Voyant entrer Mauriat*) Bon, l'amoureux, à présent!

MAURIAT, *entrant.*

Bonjour, Marpha, madame est sortie?

MARPHA

Dame, de ce beau temps. Elle est aux Cassines.

MAURIAT, *vivement.*

Avec le prince?

MARPHA

Non, avec le marquis.

MAURIAT

Le marquis de Gordes? Il vient bien souvent ici.

MARPHA

Pas plus que vous. Et il ne s'en étonne pas, lui!

MAURIAT

Parbleu! je l'espère bien! Il n'est venu personne d'autre, aujourd'hui.

MARPHA

Vous êtes bien curieux... Il est venu le prince.

MAURIAT

Aussi !

MARPHA

Ça vous gêne !

MAURIAT

Cela m'exaspère..

MARPHA

De quel droit ?

MAURIAT

De tous ceux que je n'ai pas... Et c'est ce qui me ronge,... c'est ce qui m'énerve... c'est ce qui me tue ! (*s'asseyant et d'un ton plus doux*) ma chère Marpha, car ne voyez-vous donc pas que je l'adore, que je ne vis que pour la voir... pour l'entendre... qu'elle m'est entrée si profondément dans les yeux et dans le cœur, qu'hormis elle, rien n'existe plus pour moi au monde, et dans Florence, cette Florence que je ne devais que traverser et où je m'éternise depuis un mois, remettant chaque jour mon départ au lendemain.

MARPHA

Mais si... je sais tout cela... On a des yeux.

MAURIAT

Vous, peut-être ! mais elle, le voit-elle ?.. Et elle doit le voir, pourtant... Et alors, elle possède l'âme la plus froide, la plus férocement coquette, la plus savamment perverse, puisqu'à tous, à ce bellâtre italien, à ce Don Juan fourbu, comme à moi qui l'aime... elle fait le même accueil.

MARPHA

Voudriez-vous qu'elle vous chasse ?

MAURIAT

Ce serait plus honnête !

MARPHA, *souriant.*

Je vous comprends... mais c'est à elle qu'il faut dire tout cela.

MAURIAT, *soupirant.*

D'abord, il faudrait la voir seule... et puis, une fois devant elle, j'ai toutes les lâchetés de l'amour.

MARPHA

Vous avez peut-être tort... qui sait comment elle accueillerait vos confidences.

MAURIAT, *vivement*

Elle vous a parlé de moi?... Elle vous a dit quelque chose?

MARPHA

Oh! madame ne rend de compte à personne (*à part*). Il m'intéresse moi, ce garçon ! (*haut*).

MAURIAT

Enfin me conseillez-vous?

MARPHA

Oh ! moi, je n'ai rien dit... seulement je connais Madame... elle n'est pas femme à supporter qui l'ennuie... et si quelque chose en vous lui avait déplu, elle vous aurait reçu comme le prince Peppino aujourd'hui...

MAURIAT, *très intéressé.*

Le prince? Que s'est-il passé? (*on sonne trois coups de timbre*).

MARPHA

Voici madame ! Déjà... La promenade n'a pas été longue... Vous lui demanderez.

SCÈNE VII

LES MÊMES, LADY SORE.

LADY SORE, *serrant la main de Mauriat.*

Bonjour, Mauriat, il y a longtemps que vous êtes là C'est gentil à vous de m'avoir attendu. (*elle tend son cha-*

peau et son vêtement à Marpha qui sort). J'allais vous écrire !

MAURIAT

Vous alliez m'écrire... à moi ?

LADY SORE

Oui... pour vous demander votre soirée. (*Mouvement de Mauriat*).

MAURIAT, *stupéfait.*

Vous allez à l'Opéra ?

LADY SORE

Tout au contraire... je reste chez moi... une fantaisie que j'ai... Je m'accorde un congé, ce soir... J'ai donné ma loge et vous viendrez me lire les premiers chapitres de votre roman... ce roman que je suis honteuse de ne pas connaître.

MAURIAT

Mon roman !...

LADY SORE

Je m'intéresse beaucoup plus que vous ne croyez à tout ce que vous faites. J'ai comme une vague idée que je vous sers de sujet d'étude, mais si vous m'étudiez... (*un temps, avec intention*) Moi... je vous observe... et nous avons tous deux les mêmes curiosités.

MAURIAT

Oh !... rien que des curiosités ?

LADY SORE

Apportez toujours votre roman... Ce soir, à neuf heures, je vous offrirais une tasse de thé... Nous serons seuls...

(*Elle lui tend la main que Mauriat saisit avidement. Il relève la manche et baise longuement et voluptueusement le poignet, puis comme il s'éloigne, elle le regarde dans les yeux et d'un ton concentré*) : A... ce... soir !...

MAURIAT, *salue profondément et sort à reculons, en répétant tête baissée.*

A ce soir !...

LADY SORE, *sonne.*

SCÈNE VIII

LADY SORE, MARPHA

LADY SORE, *s'asseyant à la table et écrivant une adresse sur une enveloppe.*

Rassemble ces factures, met-les sous cette enveloppe et fait les porter à l'hôtel d'Albion.

MARPHA, *obéissant et lisant.*

Le marquis !

LADY SORE

Le marquis de Gordes, oui! Nous partons! Je quitte Florence.

MARPHA, *étonnée.*

Avec le marquis ?

LADY SORE

Naturellement.

MARPHA

Quand?

LADY SORE

Demain matin!... Fais les malles!

Rideau.

ACTE II

En France, en Normandie.

Atelier-hall élégant à la mer. Au fond, grande baie donnant sur le large — porte à droite de la baie.... A gauche, porte donnant dans les appartements, bibelots anciens, crédences sculptées, vieux cuivres et vieux étains, statuettes pchychimes, cartel Louis XIV, étoffes anciennes, aspect raffiné et bizarre.

SCÈNE PREMIÈRE

ROSALIE, puis MAURIAT

Rosalie arrange une gerbe de roses jaunes et roses dans un vieux Rouen sur la table, puis elle époussette et range les meubles de l'atelier, elle semble agitée, soupire et regarde souvent l'heure au cartel : sonnette de la grille, elle se penche vers la baie.

ROSALIE

Enfin (*elle reprend son travail*).

(*Entre Mauriat, botté, éperonné, la cravache dans une de ses bottes*).

MAURIAT (*il entre rapidement et jette son chapeau sur la table*).

Bonjour, Rosalie. — Rien pour moi, ce matin?

ROSALIE, *montrant le plateau de lettres sur la table.*

Si — elles sont là depuis hier!

MAURIAT

Bien.

(*Il prend les lettres et en décachète une*).

ROSALIE

Il y avait une réponse, mais comme... monsieur n'était pas là.

MAURIAT, *qui lit.*

Je vois, c'est bien..... une invitation à déjeuner ! Quelle heure est-il.

ROSALIE

Pas loin de dix heures.

MAURIAT, *décachetant l'autre lettre.*

Harel... mais qu'est-ce qu'il me veut, celui-là (*lisant*). « Que deviens-tu ? On ne te vois plus. Poète insaisissable, « cavalcadour de grands chemins. Madame Livitinof voudra- « t-elle me laisser une heure des journées que tu lui consacres. « Beaucoup de choses à te dire. J'irai te prendre demain matin. » — Beaucoup de choses à me dire.. Je m'en vais. j'en ai assez de sa surveillance. (*à Rosalie*). Je ne déjeune pas ici ce matin.

ROSALIE

Monsieur retourne à Yport...

MAURIAT

Pourquoi Yport?

ROSALIE

Parce qu'on m'avait dit... je croyais... monsieur va si souvent...

MAURIAT

Faites-moi donc le plaisir d'aller préparer mes vêtements et, puisque vous vous intéressez tant à ce que je fais, sachez que je déjeune ce matin ici à côté, chez les de Morgan... vous êtes renseignée (*il lui fait signe de partir*).

ROSALIE

Monsieur m'excusera... mais j'ai élevé monsieur, et je lui ai trouvé tout à l'heure en rentrant l'air si malheureux, si fatigué... que je me suis permis.

MAURIAT

En voilà assez... J'entends être le maître chez moi et n'y subir le contrôle de personne. C'est à prendre ou à laisser.

(*Rosalie sort*).

SCÈNE II

MAURIAT seul, puis HAREL

MAURIAT, *il tombe accablé sur un fauteuil.*

Et je maltraite cette fille maintenant, ma pauvre Rosalie, ce dévouement... j'en suis là... et tout cela pour cette femme... Mais qu'est-ce quelle m'a mis dans le sang et de quelle race est-elle donc... Qu'est-ce quelle est venue faire ici ! Et pourquoi l'ai-je revue...

(*Il se lève, se promène avec agitation,* (*sonnette*), *il regarde par la baie*).

HAREL, *sur le seuil.*

Ah, on te trouve enfin !

MAURIAT

Tu vois. — Bonjour ! (*il lui donne la main distraitement*).

HAREL

Tu as reçu ma lettre.

MAURIAT

Je viens de la lire.

HAREL

Tu rentres (*le regardant de la tête aux pieds*) d'Yport — Compliments.

MAURIAT

D'Yport !... si c'est une scie, je ne les aime guère.

HAREL

Une scie... comprends pas.

MAURIAT

Après tout, jouons cartes sur table, j'aime les situations nettes. Que me veux-tu? Pourquoi m'espionnes-tu (*mouvement d'Harel, Mauriat reprend sa lettre et lit*) « Madame

« Livitinof voudra-t-elle me laisser une heure des journées « que tu lui consacres ». (*repoussant la lettre*). Parole d'honneur, on dirait que tu es jaloux.

HAREL

Ah! nous y voilà donc. C'est justement de Mme Livitinof qu'il s'agit. Voyons, Allain, ne te fâche pas, assieds-toi et écoutes-moi cinq minutes; si je t'ennuie, tu me renverras après. Je ne suis pas ton frère, ni ton père, mais je suis ton ami et un ami de vingt ans. Eh bien! j'ai quelque chose sur le cœur qui me pèse, qui me chagrine et que j'ai besoin de te dire. Veux-tu m'écouter.

MAURIAT

Marche.

HAREL

Qu'est-ce que cette étrangère, cette russe installée à Yport et de chez qui tu ne sors plus! d'où sort-elle, elle (le sais-tu). Depuis quinze jours que tu vis hypnotisé par elle, sans souci même de la compromettre, si toutefois elle est de celles qu'on compromet encore, toi, tu es la fable du pays... ta conduite est commentée et Dieu sait dans quels termes; elle a grand train, certes, écurie montée, valetaille et le reste, mais elle vit seule, mariée ou pas...? Un grand luxe, aux frais de qui? Enfin, l'on jase et je souffre d'avoir à te défendre.

MAURIAT

Me défendre... On jase (*il se lève*). M. de Morgan peut-être et les parentes à tartans de Madame... J'offusque les pudeurs du vieux corps de ballet... M. de Morgan, je lui conseille de s'indigner, à lui qui n'ose avouer sa danseuse à Paris et en est réduit à venir jouer au ménage sur cette plage isolée ou l'ennui le rend presque légitime.

HAREL

Il ne s'agit pas de M. de Morgan.

MAURIAT

Les autres alors... les quatre pelés et un tondu de ce bain de mer de refusés qui viennent ici, les pauvres, faute de ne pouvoir aller ailleurs; prudence et sage économie.

HAREL

Oui, oui, le dépit te met en verve. Sais-tu ce que j'en conclus, c'est que tu es amoureux et que le mal est encore plus grave que je ne le craignais. Je t'ai suivi dans la vie, Allain, tu n'es pas bâti pour l'amour, trop nerveux, demeuré trop enfant, trop prompt aux emballements, résultat d'une enfance aimée et trop choyée qui t'a fait attendri, sensitif, irritable... il y a longtemps que je te connais.

MAURIAT

D'où tu conclus?

HAREL

Que je te permets tout à toi, même la débauche, mais que je te défends l'amour, surtout quand cet amour constitue un danger et le plus grand danger que puisse courir un tendre, l'amour d'une aventurière.

MAURIAT

Madame Livitinof n'est pas une aventurière.

HAREL

Qu'en sais-tu! Il y a quinze jours, tu ne la connaissais pas.

MAURIAT

C'est ce qui te trompe.

HAREL

Tu ne m'en as jamais rien dit.

MAURIAT, *s'asseyant.*

Que penserais-tu d'une femme qui, te sachant amoureux fou d'elle et te voyant pendant un mois à toute heure du jour et de la nuit, ne t'aurais jamais accordé que la plus grande indifférence et puis brusquement t'inviterait un soir à venir prendre le thé chez elle, t'y recevrait en tête en tête, et là... s'abandonnerait complètement, tout entière et cela la veille de son départ et le lendemain s'en irait sans un mot, sans un adieu, on ne sait où, très loin, pour ne jamais te rencontrer, te revoir...

HAREL

Je comprends de moins en moins.

MAURIAT

Te souviens-tu du voyage en Italie que je fis il y a deux ans, après la mort de mon père, et combien tu me trouvas changé, triste, et l'air absent, au retour. Cette femme que j'avais rencontrée à Florence et qui s'appelait alors lady Sore, je l'ai retrouvée ici : c'est madame Livitinof.

HAREL

Après deux ans... il y aurait de ces hasards.

MAURIAT

Ce n'est pas un hasard : elle est venue me retrouver.

HAREL

Elle...

MAURIAT

Il y a quinze jours, je reçus ici une lettre d'une écriture... oh ! avec quelle émotion reconnue, l'écriture « Je suis depuis hier à Yport et pour deux mois, venez me voir à la villa Mauresque ». Le lendemain j'y étais et depuis quinze jours à quelles épreuves n'ai-je pas été soumis ! Ah mon pauvre ami, mon pauvre ami, non, je n'étais pas né pour ce supplice. Toujours seuls, en tête à tête, elle abandonnée et cependant se possédant toute sous ce feint abandon... du passé, pas un mot, pas une allusion. Des journées entières elle me promène par ces bois odorants, ensoleillés, ces bois dont la solitude invite, dont l'ombre encourage et dont la senteur grise, elle s'appuie à mon bras, j'y sens sa poitrine battre et se soulever, elle m'abandonne sa main, sa main dont les doigts enlacent et dont la paume attire... le soir, elle me retient à dîner; après dîner, elle me retient encore ; son odeur, je la sens, sa chair, je la respire, et dans ce salon trop étroit, complice, plein de parfums et de nuit, quand tout mon être va vers elle, quand mes yeux s'allument et quand mon sang bout, quand mon cœur bat à se rompre, elle me regarde avec son visage de vierge et conclut froidement « Je ne veux ni briser un bonheur ni tuer un souvenir, il faut nous séparer, mon ami. »

HAREL

Et tu t'en vas.

MAURIAT

J'obéis.

HAREL

Le cas est grave. . tu aimes, c'est certain... et tu rentres à quelle heure ?

MAURIAT

Je ne suis pas rentré cette nuit. Je l'ai passée tout entière autour de la villa, à rôder sous ses fenêtres ; j'en ai vu s'éteindre la dernière lumière.

HAREL *après un silence.*

Cette femme, tu l'as possédée une fois (*Mauriat fait signe que oui*). Eh bien prends-la et que cela finisse.

MAURIAT

Oui, et demain elle sera repartie, et cette fois pour toujours ! J'aime mieux tout que son absence.

HAREL

Même la folie, et c'est là où elle te conduit (*Mauriat se promène agité, Harel cause haut à lui-même*). Oui, cruautés inutiles de jolie courtisane aiguisant ses ongles sur une chair endolorie, caprices de Locuste expérimentant ses poisons, oui, je vois tout cela, mais quel peut être son but ?

MAURIAT

Son but, elle n'en a pas, elle est Russe. Le mépris de l'existence et du bonheur d'autrui est très slave ; le servage et le knout font des âmes de fer à ces femmes ! Oh, je ne m'illusionne pas, elle surexcite et exaspère mes sens comme elle ferait fouetter un de ses serfs, là-bas dans ses terres, par désœuvrement, fantaisie ; une envie qui lui prend de se prouver à elle-même sa puissance et de voir un peu couler du rouge humain. Je suis sa propriété comme un moujik ; elle fait sur moi une expérience à la romaine ou à la russe sur une chair condamnée d'avance, chair à souffrance ou à plaisir.

HAREL

Une gueuse. En effet, le caractère et la valeur d'un homme, à ces femmes-là, que leur importe — veux-tu la revoir revenir d'elle-même, affectueuse et souple, ta princesse russe ? Eh bien, fais moi un plaisir et une promesse, ne mets pas les pieds à Yport d'ici huit jours.

MAURIAT

Huit jours sans la revoir quand je la sais ici dans le pays, à trois kilomètres à peine... tu me demandes l'impossible. Je ne peux pas ne pas la revoir. Songe donc, si elle allait partir, partir sans que je l'ai revue... Ah, mon ami, puisqu'elle aime ma souffrance, il faut bien que je consente à souffrir ; car, je le sais, moi, c'est le seul moyen que j'ai de la garder, de la retenir.

(*Harel lui serre la main, silence, puis sonnette*).

Qu'est-ce encore (*il se lève et va vers la baie*). Une femme !

UNE VOIX A LA CANTONADE

Ne vous dérangez pas, c'est moi.

MAURIAT

Madame de Morgan... et moi qui déjeune chez eux ce matin et ne leur ai pas fait réponse. — Dis lui qu'ils peuvent compter sur moi... je vais m'habiller, reçois-là.

(*Il sort à droite*).

SCÈNE III

HAREL, Mme DE MORGAN

MADAME DE MORGAN

Personne. — On entre comme dans un moulin ici. — Tiens, monsieur Harel, bonjour, ça va bien... moi toujours... et le maître du logis ! Absent... naturellement...

HAREL

Il est à sa toilette et me prie de l'excuser, il déjeune chez vous ce matin.

MADAME DE MORGAN

Enchantée de l'apprendre... Hein, il vient de rentrer.. Ça dure toujours l'épithalame.

HAREL

L'épithalame, comprends pas.

MADAME DE MORGAN

Faites donc l'innocent... la Moscovite d'Yport, la grande dame étrangère, l'héroïne en rupture de roman de Cherbuliez, elle est ici, je viens de la rencontrer sur la plage et dans une toilette... Oh, elle fait émeute; tous les indigènes sont en révolution... D'ailleurs un galbe, une sveltesse, une blondeur, comme dirait le petit duc, oh! elle a de la race et son corsage lui va... à lui demander l'adresse de sa couturière... Elle ne vient pas de Pétersbourg, je le parierais, cette robe-là... Alors Mauriat déjeune à la villa, c'est ce que je voulais savoir. — Adieu (*voyant entrer De Morgan*). Tiens, Henri.

SCÈNE IV

LES MÊMES, DE MORGAN.

DE MORGAN, *serrant la main d'Harel.*

Bonjour, cher ami.

HAREL

Bonjour.

DE MORGAN (*à madame de Morgan*).

Hé bien, déjeune-t-il !

MADAME DE MORGAN

Oui, c'est entendu, il s'habille, — la belle Russe est-elle toujours là, je retourne la voir. Ce qu'elle m'amuse.

HAREL

Tant que cela.

MADAME DE MORGAN.

Avec ça qu'il en pleut des femmes élégantes sur cette plage de pauvres, c'est la première robe que je vois de la saison. (*A Morgan*). Les enfants sont encore au casino.

DE MORGAN

Oui, ils t'attendent.

MADAME DE MORGAN.

J'y cours. (*A Harel*). Tâchez d'amener Mauriat par la terrasse, je serai curieuse de les voir en présence... Moi les romans des autres, ça m'a toujours passionnée, moi qui n'ai pas d'histoire.

DE MORGAN

Merci.

(*Sort Mme De Morgan. Harel et De Morgan suivent de l'œil le départ de Mme De Morgan et échangent un coup d'œil*).

SCÈNE V

HAREL, DE MORGAN.

MORGAN, *redescendu vers Harel, à voix basse*

Il est là.

HAREL

Oui, mais dans sa chambre.

DE MORGAN

Très bien... Madame Livitinof, sur laquelle vous me demandiez hier des renseignements, je l'ai vue, je sais qui c'est maintenant,

HAREL

Vous la connaissez.

MORGAN

Il y a beau temps que je la connais. D'abord, Madame Livitinof est lady Sore.

HAREL

Lady Sore... Anglaise alors, votre Russe.

MORGAN

Êtes-vous assez peu Parisien, Lady Sore est tout ce qu'il y a de plus Russe ; non, vraiment, vous n'avez jamais entendu parler de Lady Sore. (*S'asseyant ainsi qu'Harel*). Hé bien, je vais vous faire ma petite note biographique... d'après les racontars... Je ne garantis rien. Lady Sore, auourd'hui madame Livitinof, ce qui est à prouver, était il y a douze ans, Mlle de Goutief; tout ce qu'il y a de plus russe et très, très jolie ; à seize ans déjà très en vedette dans le monde où l'on cite et où l'on s'amuse, promenée, exhibée et archi-montrée par sa mère, encore très belle, la comtesse de Goutief, grand train de maison et ressources inconnues.

HAREL

Diable !

MORGAN

Est épousée à Londres, par un très gros négociant de la City, très riche et très connu, William Wilkinson and C[o], lequel se ruine dans des spéculations malheureuses et se tue. La voilà veuve.

HAREL

Et ruinée !

MORGAN

Non, il lui reste un million, que son mari lui a reconnu en apport et qu'elle n'abandonne pas à la faillite ; avec ce milion, elle joue les veuves inconsolables, fait Cannes, Nice et le littoral et y épouse ce vieux fou de lord Hildeby, marquis de Sore, membre de la Chambre des Lords et pair d'Angleterre.

HAREL

Peste !

MORGAN

Très haute situation, reçue chez la Reine et les princes, conduite irréprochable, horizon des plus nets, la mère totalement disparue. Un beau matin, à Bordighère, le marquis de Sore, fort éprouvé déjà, meurt, ont dit les héritiers, de la science profonde des baisers de la marquise.

HAREL

Ce qui lui fait deux maris tués sous elle...

MORGAN

Alors beaucoup d'aventures lui sont prêtées... le marquis lui avait laissé peu de chose, la fortune étant reversible sur la tête des neveux, et dame, elle avait de grands besoins, elle vivait l'hiver à Venise, à Florence, le printemps à Vienne, à Paris ; l'été en Suisse ; on lui a prêté des banquiers, lord Chatey, le marquis de Gordes et autres sexagénaires.

HAREL

Lady Succession, quoi !

MORGAN

On lui connaît cependant des caprices. J'avais un ami, qui s'est fait tuer pour elle, ce grand enfant de Ramont Larive, à Nice même, il y a trois ans, la première année de son veuvage. Cette femme a un peu de tout dans son passé, de la boue, de l'or et du sang. En un mot, c'est une de ces grandes courtisanes cosmopolites qui, fortes, d'un beau nom et d'un passé de grandes aventures, dédaignent les piétons et ne détroussent que les voyageurs en chaise de poste armoriée et dorée, comme les bandits de grands chemins..., néanmoins, très capables d'une fantaisie pour le pâtre assis au bord de la route si le pâtre a quelque figure et... le pâtre de cette année serait... (*Il indique du regard la porte de la chambre de Mauriat*).

HAREL, *gêné, hausse les épaules.*

Et le mari, le Livitinof ! Qui est-ce, où le voit-on ?

MORGAN

Le Livitinof, je n'en connais qu'un ; l'ingénieur, trente à quarante millions, si c'est bien lui qu'elle a épousé... Or, ce vieux routier me semble trop malin pour en avoir fait sa femme, bien qu'après tout, ancien forban et jeune aventurière.

HAREL

Très dangereuse alors.

MORGAN

Assez... mais pour qui dans ce trou? A Yport, rien à faire pour elle, ni prince héritier, ni anglais millionnaire! Que diable vient-elle faire ici, entre Etretat et Fécamp.

HAREL

Se reposer peut-être.

MORGAN

Ces femmes-là ne se reposent jamais (*silence*). A propos, quelle fortune peut avoir votre ami Mauriat ?

HAREL

Heu! vingt-cinq mille francs de rente.

MORGAN

Bah, c'est bien maigre pour elle... mais, puisque vous êtes tout à fait son ami, un conseil, dites lui donc de se méfier.

HAREL

Chut, le voilà.

SCÈNE VI

LES MÊMES, MAURIAT, puis ROSALIE.

MAURIAT, *allant à Morgan.*

Je vous demande pardon, cher ami, je suis à vous, je n'ai pu répondre à votre lettre, je suis rentré très tard, mais je suis vôtre ce matin.

MORGAN

Tres aimable à vous. Pour midi, n'est-ce pas!

ROSALIE, *entrant avec une carte.*

C'est une dame avec un monsieur.

MAURIAT

Avec un monsieur. *(Lisant)*... Madame Livitinof.

ROSALIE

Cette dame demande si monsieur peut la recevoir.

MAURIAT, *très agité.*

Mais... oui... certainement... faites entrer.

(Sortie de Rosalie).

MORGAN, *gêné.*

Cher ami, vous me permettez de me retirer... A tout à l'heure, n'est-ce pas.

MAURIAT, *distrait.*

Oui, à tout à l'heure.

(Morgan se dirigeant vers la porte, Harel fait un pas vers Mauriat comme pour prendre congé).

MAURIAT, *lui saisissant la main.*

Reste.

(Morgan sur le seuil se croise avec Mme Livitinof qui entre suivie de Bois-Redon : échange de saluts de gens qui se connaissent et ne veulent pas se reconnaître, gêné chez de Morgan, insolent chez Mme Livitinof).

SCÈNE VII

HAREL, MAURIAT, MADAME LIVITINOF, BOIS-REDON

MADAME LIVITINOF, *à Mauriat.*

Bonjour, cher ami, ça va bien depuis hier, vous avez l'air stupéfait de me voir. *(Désignant Bois-Redon).* Je viens de chercher Monsieur à la gare et n'ai pu résister au plaisir d'entrer vous serrer la main et de vous présenter un de mes amis, monsieur de Bois-Redon. Le comte de Bois-Redon, lieutenant de dragons, M. Allain Mauriat, un poète de mes amis, beaucoup de talent. *(Regardant de coin Bois-Redon)*. M. de Bois-Redon un de mes flirts les plus fidèles qui, me sachant seule à Yport, consent à s'enterrer tout vif au fond des bois pour m'y distraire un peu, et m'y tenir compagnie... mais nous le logeons dans le pays, à l'hôtel, nous respectons encore les préjugés de province... et comme vous êtes appelé à vous rencontrer souvent chez moi, j'ai mieux aimé faire les présentations tout de suite.

HAREL, *à part.*

Joli, l'aplomb.

MADAME LIVITINOF, *à Mauriat, lui désignant Harel.*

Et ce monsieur, qui est-ce ? Présentez-le moi.

MAURIAT, *abasourdi.*

Monsieur Harel, un peintre de mes amis.

MADAME LIVITINOF

Oui, je sais... l'auteur de ces belles marines. Enchantée de l'occasion qui nous met en présence l'un de l'autre monsieur, j'avais souvent prié monsieur Mauriat de vous amener à la villa, mais il n'a jamais pu mettre la main sur vous. *(Elle lui tend sa main)*.

HAREL, *incliné.*

Madame.

BOIS-REDON, *à Mauriat.*

Vous faites des vers, monsieur, je crois. Nous avons aussi des poètes dans l'armée... Très joli, votre intérieur, monsieur Sylvain Mauriat.

MAURIAT, *glacial.*

Allain, monsieur !

BOIS-REDON

Allain, oui, en effet, c'est un nom de poète.

MAURIAT

Allain Chartier.

BOIS-REDON

J'y pensais. (*regardant autour de lui*) Oui, c'est plein de goût et d'originalité, ce home de garçon — Vous avez là de belles épées (*à Madame Livitinof*). C'est très artiste, n'est-ce pas (*à Mauriat*). Mes compliments, Monsieur.

(*Salut très froid de Mauriat*).

MADAME LIVITINOF, *à Mauriat.*

Et vous pouvez être fier des éloges de monsieur, monsieur s'y connait, il possède avenue Montaigne la plus merveilleusse garçonnière.

MAURIAT

Vous y êtes allée?

MADAME LIVITINOF

Sans doute, comme ici (*à Bois-Redon*). Regardez-donc, Bois-Redon, cette aiguière Renaissance, elle rappelle absolument celle de votre dernier prix — car j'ai oublié de vous dire, monsieur de Bois-Redon est un de nos héros de l'Hippique : sauts d'obstacles et conduites de rallies, il est de tous les sports et de toutes les parties, emporte toutes les coupes, gagne tous les paris, c'est le centaure du régiment ; nous sommes d'ailleurs de vieilles connaissances, n'est-il pas vrai, Fredy ?

HAREL, *à part.*

Elle le tutoie, maintenant.

MADAME LIVITINOF

Et un ami de mon mari.

HAREL, *à part.*

Naturellement.

MADAME LIVITINOF, *à Harel.*

Mais venez-donc que je vous présente — Monsieur de Bois-Redon, lieutenant de dragons ; monsieur Harel, le peintre de marines (*à Bois-Redon*), vous avez, je crois, un commencement de galerie (*à Harel*), je vous livre un amateur (*elle les laisse pour aller inspecter curieusement les bibelots et les meubles de la pièce*).

HAREL, *à Bois-Redon.*

Vous collectionnez, monsieur?

BOIS-REDON

J'ai chez moi quelque Van Beers très réussis.

HAREL (*à part*).

Bien !

BOIS-REDON

Pas grand'chose, et puis quelques pochades militaires. Croyez, monsieur, que je serais enchanté d'enrichir ma collection de quelque marine ensoleillée comme vous excellez à les faire (*ils se félicitent et continuent de causer à voix basse en remontant vers le fond*).

MAURIAT, *s'approchant de Madame Livitinof.*

Vous vous moquez de moi.

MADAME LIVITINOF

Depuis longtemps. Quelle mouche vous pique ?

MAURIAT

Venir chez moi avec ce monsieur, m'amener ce fat enivré de lui-même et me narguer tous les deux à ma barbe, après la scène de cette nuit... je ne sais ce qui me retient !

MADAME LIVITINOF, *bas.*

Parlez moins haut, il est très fort à l'épée — Vous avez tort, c'est un homme charmant et il est mon ami.

MAURIAT

Votre ami... comme moi peut-être.

MADAME LIVITINOF

Oui, s'il vous plaît de le croire.

MAURIAT

Sonia ! Sonia !

BOIS-REDON, *redescendant avec Harel.*

Moi, j'avoue préférer Bouguereau.

HAREL

Vous m'étonnez !

MADAME LIVITINOF, *à Mauriat.*

Mon ami, donnez-moi cette rose (*elle désigne dans le vieux Rouen une rose que Mauriat prend et lui tend par-dessus la table, elle pique cette rose dans son corsage — à Harel*). Monsieur Harel, est-ce en valeur? Comment trouvez-vous ce costume?

HAREL

Très intéressant.

MADAME LIVITINOF

Comme reconstitution... c'est aussi un essai ou plutôt une trouvaille, un hasard! c'est un essai aussi : j'ai trouvé dans le pays, il y a huit jours, une loque, chez une femme de pêcheur (*à Harel, penché pour regarder son parapluie*). Le parapluie, je l'ai eu à Etretat, au vieux Rouen, j'ai envoyé la loque à ma couturière, et ce matin j'ai reçu ce chef-d'œuvre; on a dû télégraphier à Lyon pour réassortir la nuance... Cela est-il réellement si joli?

BOIS-REDON

Eminemment suggestif!

MADAME LIVITINOF

Alors j'inaugurerai le tout à Trouville, aujourd'hui c'est un essai loyal entre les lois et moi. (*Durant toute la tirade, elle doit continuer à prendre des roses dans le vieux Rouen sur la table et à les épingler dans son corsage*).

MAURIAT

A Trouville. Vous allez nous quitter?

MADAME LIVITINOF

J'y vais passer trois jours pour les courses, Monsieur Livitinof doit venir m'y rejoindre, de là je reviens à Yport.

MAURIAT

Monsieur Livitinof avec vous?

MADAME LIVITINOF

Non, il repart aussitôt pour l'Autriche, Monsieur de Bois-Redon pour Châlons.

BOIS-REDON

Rejoindre le corps !

MADAME LIVITINOF

Et je serai plus veuve que jamais (*à Mauriat et à Harel*). Vous m'aiderez à éclaircir mon deuil (*désignant son jabot de fleurs à Harel*). Çà ne jure pas, ce soufre sur ce mauve?

HAREL

C'est un effet indiqué, madame!

MADAME LIVITINOF

Vraiment! Très coloriste alors, sans le savoir. (*Tendant une rose rose à Harel*). Monsieur Harel, voulez-vous me poser cette rose dans mes dentelles! Cela éveillera un peu tout ce blanc.

(*Elle se penche et tend sa nuque, Harel attache très maladroitement la rose dans les dentelles du chapeau, ses doigts frôlent les cheveux de madame Livitinof et, visiblement troublé, il les respire longuement; Mauriat, appuyé de dos au rebord de la table, a une crispation des mains et de tout le corps, qui fait tomber un cendrier en Saxe, qui se brise*).

MADAME LIVITINOF

Vous brisez quelque chose?

MAURIAT

Rien, le cendrier est tombé.

MADAME LIVITINOF

Un sujet à mettre en vers, Mauriat, suite à Sully-Prudhomme : *le Cendrier brisé*.

DE BOIS-REDON

Le vase!

MADAME LIVITINOF (*à Harel*).

Je vous remercie... je vais vous fleurir à mon tour (*elle met une rose à la boutonnière d'Harel*). A vous, de Bois-Redon (*elle fleurit de Bois-Redon; passant devant Mauriat et remettant la rose dans le vase*). Vous, vous êtes chez vous (*à de Bois-Redon*). Nous partons, maintenant... Vous n'oubliez rien, de Bois-Redon, votre canne, vos gants, votre képi? (*elle fait quelques pas pour sortir, puis s'arrête et redescend*). Ah! mon Dieu, que je suis étourdie... Dire que je partais en oubliant pourquoi j'étais venue (*à Mauriat*). Je voulais vous prier de venir dîner à la villa demain.

DE BOIS-REDON

Mais demain... nous allons...

MADAME LIVITINOF

Ah! c'est juste!... pas demain... après demain... demain nous sommes bucoliques, nous faisons une grande excursion tous les deux dans les bois, M. de Bois-Redon ne me donne que trois jours, j'en profite... Donc pour après-demain. C'est dit, n'est-ce pas?

MAURIAT

A vos ordres, madame. J'y serai.

MADAME LIVITINOF

Sept heures et demie (*à Harel*). Vous serez des nôtres, monsieur, j'y puis compter, n'est-ce pas? (*Elle lui tend la main*). Vous me plaisez beaucoup, franchement, je vous assure, et je suis certaine, moi, de ne pas vous déplaire... Au revoir, et maintenant, de Bois-Redon, partons (*à Mauriat*). Combien de kilomètres d'Yport par la plage?

MAURIAT

Trois ou quatre... Vous voulez rentrer par là?...

MADAME LIVITINOF

Oui, j'ai envie de me compromettre aux yeux des Fécampois!

MAURIAT

Mais vous n'y songez pas, c'est éreintant, ce galet qui vous croule sous les pieds. Vous avancez d'un pas et vous reculez de quatre; vous en aurez pour une heure au moins au soleil et, chaussée comme vous l'êtes, c'est une entorse sûre que vous allez chercher.

MADAME LIVITINOF, *tendant ses pieds.*

Mais, je suis chaussée en conséquence et je n'ai pas les

affreux talons que vous croyez (*à Bois-Redon*). Allons, venez-vous ?

HAREL

La mer descend-elle au moins?

MADAME LIVITINOF

Pourquoi demandez-vous cela!

HAREL

C'est que si la mer montait, vous ne pourriez passer.. Quand la marée est dans son plein, l'eau baigne le pied des falaises.

MADAME LIVITINOF

Alors, si la mer montait, nous ne pourrions?...

HAREL

A moins d'être une excellente nageuse.

MADAME LIVITINOF

Monsieur de Bois-Redon me sauvera.

BOIS-REDON, *s'inclinant.*

Madame.

HAREL

Vous risquez, madame, de noyer monsieur et d'être aussi peut-être noyée avec lui; si monsieur n'est pas un excellent nageur!...

BOIS-REDON

Le terre-neuve du régiment!

MADAME LIVITINOF

Vraiment noyée, au pied de ces hautes falaises, devant cet immense horizon; ce serait un beau décor.

MAURIAT, *avec une violence extrême.*

Alors... vous partez, par?...

MADAME LIVITINOF

Sans doute; cela me plaît! En route, Bois-Redon!

BOIS-REDON

Messieurs.

(*Sortent Mme Livitinof et de Bois-Redon*).

SCENE VII

HAREL, MAURIAT, puis ROSALIE

(*Mauriat court à la baie et les regarde s'éloigner*).

MAURIAT

Et elle le fait comme elle le dit, elle s'en va seule avec lui par la grève... Oh! je le tuerai.

HAREL

De Bois-Redon, tu es fou. Elle ne peut le sentir.

MAURIAT

Tu dis.

HAREL

Tu ne sais donc rien voir! Elle le méprise et le déteste.

MAURIAT

Mais alors!

HAREL

Oui, alors,

MAURIAT

Qui aime-t-elle?

HAREL

Cherche.

MAURIAT

Aime-t-elle seulement?

HAREL

Je n'en sais rien, mais en tout cas elle aime furieusement l'amour.

MAURIAT

L'amour ! Mme Livitinof !

HAREL

Oui. C'est sans aucun doute une rouée, à coup sûr une coquette, mais c'est avant tout une amoureuse (*midi sonne*). midi et les De Morgan ?

MAURIAT

Est-ce que j'ai la tête à moi. (*Il sonne, à Rosalie qui entre*). Courez vite chez M. de Morgan, dites que je ne puis venir déjeuner... Allez, allez. (*Rosalie sort, à Harel*). Emmène-moi.

Rideau.

ACTE TROISIÈME

A Yport, chez Madame Livitinof.

Salon mauresque. Une véranda, dont tout le fond est à jour, s'ouvre sur toute sa longueur sur une terrasse à balustres: terrasse et véranda donnent sur une vallée et sur des bois, nuit d'été. Au commencement de l'acte, le fond reste sombre; vers la fin, la lune se lève, illumine et dessine l'horizon où se silhouette une vieille tour. A la cantonade, musique de danse durant tout l'acte, avec des reprises.

SCÈNE PREMIÈRE

Dans le salon élégant et éclairé par deux lampes-phares et abat-jour de soie rose, Mme Livitinof, en toilette du soir, est nonchalamment assise; derrière elle appuyé au dossier de son fauteuil, Bois-Redon, Mauriat et Harel, sont debout, leur tasse de café à la main. — Petchorine, en costume de moujik, va et vient, offre du sucre, puis des liqueurs et vient se poser auprès de la table à thé dans une immobilité d'idole. — Les trois hommes sont en habit noir. — Musique de danse à la cantonade.

MADAME LIVITINOF

Et nous sommes condamnés toute la soirée à cette musique. Désolée, messieurs, mais mes voisins font danser ce soir.

HAREL

Les Nubergen ?

MADAME LITIVINOF

Oui, les banquiers juifs. ils ont eu cette belle idée d'un bal par cette chaleur... et le vent donne de mon côté.

BOIS-REDON

Toutes les chances... Ce sont ces gens si laids que vous m'avez montrés ce matin à l'église.

HAREL

A l'église ?

MADAME LIVITINOF

Oh ! ils sont très bien pensants, ils pratiquent presque.

HAREL

En effet, ça fait oublier.

MAURIAT

Il vous ont invitée à leur bal ?

MADAME LIVITINOF

Vous me le demandez... Mme Nubergen est venue par deux fois elle-même... mais j'avais le plaisir de vous avoir ce soir et puis j'aurais eu peur d'y rencontrer mon bottier (*la musique cesse*). Ah ! ils veulent bien cesser (*elle se lève*) et avec cela un choix de morceaux.

BOIS-REDON

Qui ne nous fera pas rêver.

MAURIAT, *entre les dents.*

Ça m'étonne...

MADAME LIVITINOF

J'avais bien un moyen de l'éviter, mais ce soir tout m'a trahi, même la lune qui m'a fait faux bond.

HAREL

Vous aviez des projets, pour ce soir ?

MADAME LIVITINOF

Beaucoup de projets. Je comptais d'abord (*intention*) sur vous trois pour m'escorter à la tour des Hogues.

HAREL

A pied, en pleine nuit... au milieu des bois?

MADAME LIVITINOF

Le chemin est merveilleux, m'a-t-on dit. N'était-ce pas une lumineuse idée?

BOIS-REDON

Lumineuse n'est pas tout à fait le mot, ce soir.

MAURIAT

C'est au moins une idée poétique. Elle est de monsieur de Bois-Redon!

MADAME LIVITINOF

Est-ce parce qu'elle vous semble ridicule?

MAURIAT

Dieu m'en garde... Etrange, tout au plus!

MADAME LIVITINOF

Eh bien! l'étrange idée est bien à moi... Ne vous désolez pas, mon cher, ce matin en feuilletant mon Guide, j'ai lu : « Tour des Hogues, à deux kilomètres d'Yport, vestiges de château du XIIe siècle, tour encore debout, vieille « cheminée... »

MAURIAT

Vieille légende et site enchanteur.

MADAME LIVITINOF

Vous l'avez dit. Site enchanteur et vieille légende; intéressante, très intéressante légende.

BOIS-REDON

Et que dit-elle cette légende!

MADAME LIVITINOF

Elle parle d'une belle châtelaine quelque peu dissolue, d'un abbé de Fécamp, cousin du roi Henri II d'Angleterre, attiré et séduit, du château assiégé et de la mort de la châtelaine coupable, jugée, condamnée et bel et bien brûlée vive devant le porche de l'abbaye. Je suis très forte, comme vous voyez.

BOIS-REDON

Et tout cela pour un abbé?

MADAME LIVITINOF

Et quelques autres aussi, paraît-il!

BOIS-REDON

Ah!

MADAME LIVITINOF

Elle avait l'habitude.

BOIS-REDON

Et le mari... aux Croisades?

MADAME LIVITINOF

Comme vous dites!

MAURIAT

Heureux croisé. Convenez pourtant qu'on était un peu sévère, alors!

MADAME LIVITINOF

Vous trouvez. Mais c'est qu'elle ne se contentait pas d'attirer le jeune homme du temps.

BOIS-REDON

Elle le ruinait?

MADAME LIVITINOF

Vous êtes bête. Mieux... elle le supprimait.

BOIS-REDON

Marguerite de Bourgogne, alors... et c'est dans votre Guide que vous trouvez tout cela?

MADAME LIVITINOF

Oui, dans ce petit volume (*elle prend sur la table un petit volume cartonné qu'elle lui tend*).

BOIS-REDON, *feuilletant.*

En effet... au château des Hogues... femme cruelle et dissolue, des ménéstrels, des jeunes paysans... Ah! tout lui était bon.

MADAME LIVITINOF

Il paraît.

BOIS-REDON

Le ménéstrel, c'était vous, M. Mauriat.

MAURIAT

Alors... vous... le paysan, le robuste vassal.

BOIS-REDON

C'était moi, je veux bien. Très piquante, cette antique légende (*il repose le guide sur la table*).

MAURIAT, *à Bois-Redon.*

Je comprends que cette châtelaine vous intéresse. Très piquante, comme vous dites, cette vieille chronique, je la connaissais du reste. Dumas l'a traitée dans la *Tour de Nesles* et Gautier dans *Une nuit de Cléopâtre*, mais la *Tour des Hogues* n'en demeure pas moins le roman à faire, le bon roman-feuilleton.

MADAME LIVITINOF (*haut, comme à elle-même, très lentement*).

Oui, en effet, c'est le roman à faire.

MAURIAT, *se retournant brusquement.*

En vérité, vous autres femmes, vous êtes admirables. Supprimer le matin l'homme aimé de la nuit, voilà le roman à faire pour vous autres et le roman que, parfois, vous vivez encore aujourd'hui, mais plus modernement, par exemple... Quelle bête fauve que la femme!

MADAME LIVITINOF

Merci!

MAURIAT

Et dire qu'au fond c'est le même sentiment mesquin et pusillanime, la même puérile terreur d'une indiscrétion qui vous amène toutes à rêver sinistrement devant les Cléopâtre et les Marguerite de Bourgogne.

MADAME LIVITINOF

A qui la faute...! Puis qui vous dit, messieurs, vous s jaloux du passé de celles que vous aimez, qui vous dit que nous n'avons pas, nous, la jalousie de l'avenir ! Avec quelle sauvagerie vous la poursuivez, vous la possédez, la femme dont les lèvres n'ont laissé boire à aucun homme avant vous le philtre d'amour ?... Cette volupté nous est interdite à nous autres femmes... un homme qui n'ait jamais encore aimé, un homme vierge ?... Quelle niaiserie et quelle monstruosité ! Mais nous rêvons peut-être le baiser d'un homme qui jamais plus n'aimera, qui jamais plus ne pourra aimer après nous avoir connues. Le verre vidé, on le brise !

HAREL, *s'inclinant devant elle.*

Vous êtes décidément très de votre pays, madame.

MADAME LIVITINOF

Très Russe, n'est-ce pas ? (*elle se lève et va sur la terrasse*). Décidément, voici tout mon plaisir gâté pour ce soir, le ciel... est d'un sombre... je désirais tant voir cette tour au clair de lune !

BOIS-REDON

Rien qu'au clair de lune ?

MADAME LIVITINOF, *sur la terrasse.*

Voyez-vous mon cher, en France les ruines sont comme les jolies femmes, il ne faut les voir qu'aux lumières. (*Mouvement de Bois-Redon*). Dans votre pays, ruines et jolies femmes ne passent célèbres qu'à l'ancienneté. Mais si le ciel est sombre, l'air est étouffant, messieurs, si vous voulez fumer. Petchorine, des cigares. (*Les hommes sont montés sur la terrasse auprès d'elle ; tandis que Petchorine va chercher une boîte de cigares, Mauriat s'approche de Madame Livitinof*).

MAURIAT, *bas.*

Un mot, j'ai à vous parler.

DE BOIS-REDON

(*tirant un étui de son habit et faisant signe à Petchorine de se retirer. La musique de danse recommence*).

Ah ! pardon, vous ne fumez pas, monsieur Mauriat, vous êtes un homme bien élevé, mais vous, monsieur Harel, vous devez avoir des habitudes honteuses, un artiste — tenez, voici des purs Havane, c'est un ami qui me les envoie.

MADAME LIVITINOF

Non, M. Mauriat ne fume pas ; aussi je le garde (*de Bois-Redon et Harel allument et s'accoudent à la balustre de la terrasse où ils restent tout le temps en vue, tantôt se promenant, tantôt s'arrêtant, pendant toute la scène II*).

SCENE II

MAURIAT, MADAME LIVITINOF

MAURIAT

Sonia, je n'en puis plus. Il faut que cela finisse. Cette coquetterie exaspérée, la présence de ce monsieur, imposée par vous et par lâcheté subie, tout cela est au-dessus de mes forces.

MADAME LIVITINOF, *le regardant.*

Vous êtes jaloux, mon ami ? (*elle s'assied*).

MAURIAT

Jaloux, jaloux de Bois-Redon, de ce grotesque... jaloux de ses biceps, travaillés aux altères pour épater les femmes, jaloux de ses chapeaux à coiffes satin ciel, blasonnés à ses armes, crest, casque et tortil, le chapeau sous le bras pour faire voir la coiffe, jaloux de son torse de bellâtre écuyer et des jaquettes qui le moulent... Non, mais j'enrage de vous voir accueillir ce drôle, car ce drôle est un fat qui vous compromettra comme il en a compromis bien d'autres (Oh ! je connais l'espèce) uniquement parce que vous êtes quelqu'un.

MADAME LIVITINOF

Et si cela m'amuse !

MAURIAT

Ne mentez pas. Cela ne vous amuse pas de supporter les galanteries à la hussarde de ce sportsman en culotte rouge, mais cela vous divertit de me le jeter au travers des jambes, de me piquer au vif, d'éveiller mes soupçons ; cela pimente un peu la fadeur de nos relations... ce dont j'enrage, c'est qu'à ce jeu vous vous brûlerez vous-même et que, d'ici huit jours, dans Etretat et d'Etretat dans Paris, vous passerez pour la dernière conquête des mille et trois de Bois-Redon !

MADAME LIVITINOF

Vous croyez ?

MAURIAT

Oh ! je connais mon homme. Certes, il n'ira pas crier sur les toits que Madame Livitinof a été sa maîtresse, mais il le laissera entendre, il s'en défendra trop, se fâchera subitement, se taira, sourira... tout le manège ordinaire de l'espèce don Juan... Enfin, il me déplaît de voir Madame Livitinof dans l'intimité de ce drôle.

MADAME LIVITINOF

Il vous déplaît, et de quel droit... Je n'entends pas m'enterrer vive et je n'ai l'intention de vous sacrifier personne. M. de Bois-Redon me divertit. Si mes connaissances ont le don de vous déplaire, libre à vous de ne pas les voir. Restez chez vous ! (*Elle se lève — la musique cesse*).

MAURIAT, *suppliant*.

Sonia... est-ce bien vous qui parlez ainsi, vous qui il y a deux ans, à Florence...

MADAME LIVITINOF, *debout, immobile.*

Laissez Florence à l'Italie (*mouvement de Mauriat*). Non, mon ami, il ne faut jamais ressusciter une impression, si délicieuse qu'elle ait pu être. Nous avons tous deux un joli coin dans la mémoire, que pouvons-nous gagner à nous y promener encore ? nous détruirions peut-être une illusion, nous déflorerions peut-être un souvenir. Aussi, croyez-moi, mon ami, restons-en là. Les illusions sont comme les montagnes, elles ne sont bleues que vues de très loin, très loin ; c'est la distance qui les idéalise et l'imagination qui les embellit.

(*Elle s'assied*).

MAURIAT

Alors, jamais plus... Sonia, à ce jeu, c'est nous deux que vous perdez.

MADAME LIVITINOF

Soit, nous nous perdrons ensemble, mais gardant chacun le souvenir. Vous m'avez eue, conservez-en la mémoire : la votre m'est si chère que je me suis à jamais interdit d'y toucher ; lequel des deux a le mieux aimé l'autre (*se levant*). A quoi bon redescendre les routes parcourues ? Excelsior ! Excelsior ! comme dit le poète Longfelow, toujours plus haut dans l'inconnu, puis, croyez-moi, Mauriat, les plus beaux clairs de lune normands ne valent pas les nuits bleues d'Italie.

MAURIAT

Pourquoi êtes-vous venue à Yport ?

MADAME LIVITINOF

Mettez que ce soit pour être auprès de vous. Je voulais vous revoir peut-être.

MAURIAT

Et vous vous refusez, vous qui vous êtes donnée !

MADAME LIVITINOF

Et vous, qui avez le passé, vous osez tenter l'avenir.

MAURIAT

Je vous aime.

MADAME LIVITINOF

Je vous ai aimé.

MAURIAT

Et vous ne voulez pas toucher à cet amour.

MADAME LIVITINOF, *comme en prière*.

Je ne veux de votre cœur ni le coin des amours finies,

ni celui des voluptés mortes; j'y veux la première place pour y demeurer vivante, jeune, adorée, éternelle... je suis une égoïste, moi, je ne me suis jamais donnée deux fois quand j'ai aimé.

(*Silence*).

MAURIAT

Croyez-vous aux sortilèges, Sonia?

MADAME LIVITINOF

Aux sortilèges, non; aux ensorcelés, oui! aux sortilèges, non, parce que nul ne peut avoir cette puissance sur la volonté d'autrui (*elle s'assied*), mais on vient au monde ensorcelé comme on vient au monde fou ou poète.

MAURIAT

Et aux ensorceleuses?

MADAME LIVITINOF, *assise*.

On croit beaucoup aux sorciers dans mon pays; dans le vôtre aussi, m'avez-vous dit Mauriat. En Russie, à cause des steppes et de la neige, ici à cause des falaises et surtout de la mer; c'est la grande rêveuse; ses enfants tiennent d'elle et vous rêvez beaucoup trop pour un homme.

MAURIAT

Vous me dites que je suis bien de mon pays de rêves et de falaises, de sortilèges et de visionnaires, or, savez-vous ce qu'on leur fait dans mon pays aux jeteurs et aux jeteuses de sorts. Hé bien!... quand l'ensorcelé souffre par trop, qu'il se sent agoniser dans l'angoisse et les transes, qu'il sait que c'est fini de sa tranquillité, de sa vie dans le monde et de son salut dans l'autre, eh bien, un soir, une nuit, sans lune comme celle-ci par exemple, il prend un fusil, se traîne à l'affût dans une hêtrée, dans un chemin creux, au coin de ce bois, attend son bourreau, l'ajuste et le tue raide, comme vous pouvez être tuée un soir ici même par un moins lâche que moi que vous auriez envoûté à son tour.

MADAME LIVITINOF

Des menaces!... Vous me récompensez mal d'une exception que j'ai faite en votre faveur. Ayez donc une heure d'oubli pour un seul, et c'est celui-là justement.

MAURIAT

Ne dites pas cela Sonia, je sais tout... depuis moi, avant moi vous en avez aimé d'autres que moi! d'autres! d'autres que moi vous ont possédée.

MADAME LIVITINOF

Vous m'insultez maintenant.

MAURIAT

Je l'insulte, moi qui l'adore!... Ah! Sonia, oui, d'autres vous ont eue, qui ne vous aimaient pas, comme moi je vous aime (*il la saisit par les poignets et lui parle presque couché sur elle*). Voyez, c'est affreux, je vous insulte et vous supplie, voyez, je vous en conjure à genoux? Pourquoi ne voulez-vous plus, plus jamais maintenant?

MADAME LIVITINOF, *se reculant.*

Une concession à perpétuité alors!

MAURIAT

Ne riez pas, c'est mal... Pourquoi?

(*Un temps*).

(*Elle se lève, détache une rose à longue tige de son corsage et lui en fouette le visage*).

MADAME LIVITINOF

Pourquoi? Parce que la chasteté est l'extrême désir. (*Elle remonte vers Harel et Bois-Redon*).

MAURIAT

Ah! suis-je assez lâche!

SCÈNE III

LES MÊMES, HAREL, BOIS-REDON

MADAME LIVITINOF, *sur la terrasse.*

Vous vous éternisez sur ce balcon, messieurs... Ah ! au moins on respire... (*s'accoudant entre eux*) mille pardons, mais quand Mauriat entame ses histoires, c'est un poème d'Homère, on n'en voit plus la fin (*elle s'installe sur une chaise à bascule*). Ah ! on est bien ici... un peu frais peut-être... Petchorine, va demander à Marpha mon vêtement.

(*Sort Petchorine*).

HAREL, *à madame Livitinof.*

C'était une défection.

MADAME LIVITINOF

Dites une captivité... je me croyais otage, mais vous voyez, j'en suis échappée.

(*Marpha entre avec un manteau qu'elle jette sur les épaules de madame Livitinof, Bois-Redon l'aide à s'en envelopper et s'installe auprès d'elle. nonchalamment appuyé à la balustre de la terrasse, Mauriat s'approche de madame Livitinof. Petchorine reprend son immobilité*).

MADAME LIVITINOF

Ah ! non... pas tout le temps... Je suis maintenant à Monsieur de Bois-Redon, chacun son tour. Monsieur Harel, allez donc tenir compagnie à votre ami Mauriat et débarrassez-moi de cet éventail... tenez, sur la table.

(*Harel redescend en scène, met l'éventail sur la table et rejoint Mauriat, tous deux s'asseoient sur le canapé ; jeu de scène pendant lequel madame Livitinof, très renversée sur son roking-chair, affecte de se laisser parler de très près par Bois-Redon penché derrière elle*).

SCÈNE IV

MAURIAT, HAREL.

(Les deux autres sur la terrasse, durant toute la scène. Mauriat très distrait, écoute à peine Harel, les yeux fixés sur le manège de Bois-Redon auprès de madame Livitinof).

HAREL, *lui tapant sur le genou.*
Hé bien! Allain, qu'est ce qu'il y a donc ?

MAURIAT
Laisse-moi ! Laisse-moi !
(A ce moment Madame Livitinof, renversée dans son roking-chair, tend par dessus son épaule sa main à Bois-Redon : elle tourne en même temps son visage vers lui. Bois-Redon, penché sur elle, baise longuement cette main tandis qu'elle l'encourage du regard : leurs fronts se touchent presque).

MAURIAT, se *levant à demi, la voix étranglée.*
Oh! la fille!...

HAREL
Mais qu'est-ce que tu as ?

MAURIAT
Mais tu ne les vois donc pas ?... Il est son amant.

HAREL
Son amant, tu deviens fou !

MAURIAT
Mais regarde-la donc !...

HAREL
Du calme, du calme !

MAURIAT
Mais regarde-la donc...

HAREL

Coquetterie!

MAURIAT

Ces lèvres qui chuchotent tout bas l'heure du rendez-vous... je vois rouge, Harel, ah! ce sourire, il n'y a que pour l'homme qu'elles attendent à minuit que les femmes ont de ces sourires (*il se lève*). Mais ils ont compté sans moi. Cela ne se passera pas ainsi!

HAREL

C'est de la démence... et quand bien même, tu n'es pas chez toi, mon ami.

MAURIAT

Qu'importe.

HAREL

Libre à toi de te conduire en goujat, mais je ne te reconnais plus.

MAURIAT, *se laissant retomber assis.*

Ah! Harel... Harel!

(*En ce moment la lune se lève dans le ciel, illumine les bois, la vallée, et met en pleine clarté la silhouette de la tour, Madame Livitinof se lève de son siège*).

SCÈNE V

LES MÊMES, MADAME LIVITINOF, BOIS-REDON.

MADAME LIVITINOF

Ah! le clair de lune.., enfin! Une heure plus tôt nous mettions mon projet à exécution (*elle désigne la tour à Bois-Redon, puis se tournant vers Mauriat et Harel*). Voyez-vous ma tour, est-elle assez romantique, tout en clarté dans le feuillage, un vrai décor d'Octave Feuillet. (*Elle redescend en scène suivie de Bois-Redon*). J'autant aimé la visiter avec vous trois, messieurs.

MAURIAT, *provocant.*

Monsieur de Bois-Redon, qui vous reste ce soir, se fera un plaisir de vous y conduire.

BOIS-REDON

Mais certainement... pourquoi

MAURIAT

Et si je vous le défendais ?

BOIS-REDON

Me le défendre ?.. Mais c'est un défi ?

MAURIAT

Comme il vous plaira de l'interpréter... je suis à vos ordres, monsieur ?

BOIS-REDON

Moi aux vôtres, monsieur !

(*Ils font mine de sortir*).

MADAME LIVITINOF, *descendant vers eux.*

Qu'est-ce que cela signifie ? Une affaire chez moi... devenez-vous fous, messieurs, en l'absence de mon mari, chez une femme seule ! Je vous trouve osés de vouloir ainsi me compromettre (*elle passe entre les deux hommes ; à Bois-Redon*). Allez ! Monsieur de Bois-Redon, je vous défends de répondre à monsieur Mauriat (*A Mauriat dont elle saisit les poignets*). Et vous, Mauriat, je vous ordonne de demeurer ici, vous m'entendez, je le veux. (*Bois-Redon s'incline très profondément devant madame Livitinof, salue Harel et sort par la gauche*).

SCÈNE VI

Les Mêmes, moins BOIS-REDON

MADAME LIVITINOF, *à Mauriat.*

C'est abuser, monsieur. La folie a des bornes. (*à Harel.*) Retournez-vous à pied ? Voulez-vous qu'on attelle ?

5.

HAREL

Oh, par ce clair de lune, c'est plaisir qu'une heure de marche dans les bois.

MADAME LIVITINOF

En effet, excellent pour les fumées du cerveau, le grand air, cela dégrise... je vous le confie, bonne nuit. (*Elle serre la main de Harel ; à Mauriat demeuré muet et sombre*). Vous, je ne vous donne pas la main.

(*Sortent les deux hommes par la gauche*).

SCENE VII

MADAME LIVITINOF, puis MARPHA

MADAME LIVITINOF.

Petchorine, dis à Marpha de venir. (*Sort Petchorine, elle remonte vers la terrasse et suit du regard ses invités*).

MARPHA

Madame m'a demandé ?

MADAME LIVITINOF

Le cocher a les ordres pour demain ?

MARPHA

Oui, madame.

MADAME LIVITINOF.

Dis qu'on laisse les deux lévriers à l'attache, ne pas les déchaîner ce soir, — fais enlever les lampes.

(*Un coup de timbre; Petchorine sur un signe de Marpha enlève les lampes, la pièce reste éclairée par les reflets de la lune*).

Ces messieurs sont bien partis. (*Un temps*). Ma pelisse mauve et ma mantille.

(*Marpha entre dans la chambre demeurée allumée de Mme Livitinof, rapporte la pelisse et la mantille et aide sa maîtresse à s'en revêtir; scène muette à l'entrée de la chambre, madame Livitinof va s'asseoir, à Marpha*).

Va sur le balcon... Tu ne vois plus personne... la route est bien déserte.

MARPHA, *sur la terrasse.*

Une vraie steppe de là-bas.

MADAME LIVITINOF

Ah ça... ne viendrait-il pas ? Je n'ai rien ménagé pourtant.

MARPHA

Madame, madame, quelqu'un !

MADAME LIVITINOF, *se levant à demi.*

Où cela ?

MARPHA

Sur le chemin d'Yport.

MADAME LIVITINOF, *se levant toute droite.*

Bois-Redon ! est-ce que par hasard cet imbécile aurait pris mon manège au sérieux ?... ah non ! (*elle fait quelques pas*), il arriverait mal...

MARPHA

Madame, on s'arrête devant la grille... je crois que c'est monsieur Mauriat.

MADAME LIVITINOF

Ah... laisse-nous, va-t-en !

(*sort Marpha*).

SCÈNE VIII

MADAME LIVITINOF, puis MAURIAT, puis DE BOIS-REDON, puis MARPHA, PETCHORINE.

MADAME LIVITINOF

A nous deux maintenant, le voilà bien comme je le voulais. (*Elle va s'accouder à la balustrade de la terrasse en plein clair de lune. — Silence*). Et tout y est, le décor, la nuit, le clair de lune... On pourrait se croire en Italie — Oh ! quels ignorants et quels maladroits que les hommes ! il faut leur apprendre jusqu'à la science de l'amour ! (*On entend comme un frôlement de branches, le bruit léger, mais persistant d'une escalade*). On vient !... (*haut*). Qui est là ? (*Elle se recule vivement*).

MAURIAT (*la tête émerge au-dessus de la balustrade, il s'enlève à la force des poignets et vient tomber debout sur la terrasse en face de Mme Livitinof*).
Moi !

MADAME LIVITINOF

Mauriat!... Vous m'avez fait une peur!...

MAURIAT

Oui, c'est moi, je ne croyais pas vous trouver seule.

MADAME LIVITINOF

Etes-vous devenu fou ? Qu'est-ce que cette façon de vous introduire chez moi? Je serai forcée de vous fermer ma porte, mon cher !

MAURIAT

Il me restera donc l'escalade.

MADAME LIVITINOF

Qu'est-ce que vous voulez? Pourquoi êtes vous ici? Vous avez un motif! Perdez-vous le sens ?

MAURIAT

Je vous savais sur la terrasse et je suis venu vous y retrouver, voilà?

MADAME LIVITINOF

Ah! Eh bien, vous allez savoir comment sortent de chez moi ceux qui s'y introduisent à cette heure. Je vais vous faire jeter dehors par mes gens.

MAURIAT

Allons donc! vous n'en ferez rien.

MADAME LIVITINOF

Comment!

MAURIAT

Pour la bonne raison que vos gens pourraient faire erreur et jeter dehors Monsieur Bois-Redon que vous attendez, et qui ne peut tarder à venir maintenant.

MADAME LIVITINOF

M. de Bois-Redon?

MAURIAT

Oui, vous l'attendez! Et je suis venu l'attendre avec vous!

MADAME LIVITINOF

De Bois-Redon! Parole d'honneur, Mauriat, vous êtes fou ou ivre.

MAURIAT

C'est lui qui est fou d'être venu se jeter entre nous deux, Sonia!.. Ne vous ai-je pas vus tous les deux tout à l'heure? Les paroles qu'il buvait du regard sur vos lèvres, si je ne les ai pas entendues, je les ai devinées, je les ai lues dans l'égarement de votre sourire!... Monsieur de Bois-Redon est l'homme que vous attendez cette nuit... Il va monter là, par l'escalier que vous me faites si joliment descendre tous les soirs. Il y a quinze jours, il n'y avait qu'une grille à cet escalier... vous en avez fait faire une seconde dans le bas, par crainte des voleurs, sans doute... Celle du haut est ouverte, celle du bas, quelqu'un en a la clef.

MADAME LIVITINOF

La clef!

MAURIAT

Eh bien! je me suis juré que personne, personne au monde ne le monterait, cet escalier; et comme de Bois-Redon est le quelqu'un qui va tout à l'heure y paraître, j'attends M. de Bois-Redon.

MADAME LIVITINOF

Mauriat, je vous jure!...

MAURIAT

Sonia, pourquoi vos grands levriers sont-ils à la chaîne ce soir... ordinairement ils rôdent en liberté, la nuit, sur la terrasse... Vous voyez bien que vous attendez quelqu'un.

MADAME LIVITINOF

Eh bien! après tout; mettez que, j'attende quelqu'un et que ce quelqu'un soit M. de Bois-Redon. De quel droit voulez-vous m'empêcher de l'attendre, si c'est mon caprice à moi?

MAURIAT

Du droit que je vous aime, et que, moi présent, nul ne sera votre amant. Cela est aussi ma fantaisie, à moi.

(*Silence*).

MADAME LIVITINOF, *ironique et caressante.*

Et que lui ferez-vous à M. de Bois-Redon. Vous lui direz des vers?

MAURIAT

Non, je le tuerai!

MADAME LIVITINOF

Vous le tuerez?

MAURIAT

Comme je vous le dis.

MADAME LIVITINOF

Vous voulez rire? (*se rapprochant*) avec quoi?

MAURIAT

Avec ceci! (*Il lui montre un revolver qu'il tire de sa poche*).

MADAME LIVITINOF, *calme.*

Alors, vous feriez cela pour moi.

MAURIAT

Certes! Vous allez bien voir! (*il arme son pistolet*) Quand il aura mis le pied sur la première marche, Bois-Redon sera un homme mort.

MADAME LIVITINOF, *se rapproche et jette ses bras autour du cou de Mauriat.*

Je savais bien que tu viendrais ce soir! (*mouvement de Mauriat, elle l'étreint plus étroitement*). Chut!... si tu m'as vue tout à l'heure avec lui si prometteuse et si coquette, c'est que je voulais t'avoir ici cette nuit, tel que je te tiens enfin, ivre de jalousie, vibrant et défaillant d'amour. Ah enfant! qui ne sait pas tout le bien qu'on lui veut et ne se doute pas de son bonheur!

MAURIAT, *serrant Madame Livitinof dans ses bras et lui baisant les cheveux et les paupières.*

Sonia!... Sonia!... Sonia!..

MADAME LIVITINOF

Tu n'avais donc rien compris.

MAURIAT

Alors tout ce manège, cette cruauté, ces coquetteries et ces refus, tout mon martyre depuis quinze jours, rien de tout cela n'était vrai?

MADAME LIVITINOF

Non, rien de tout cela n'était vrai que mon désir de revivre avec toi, notre nuit d'Italie, la nuit unique que tu sais et dont, pas plus que toi, je n'ai perdu le souvenir... Allain, mais le goût de tes baisers, je les ai encore imprégnés sur mes lèvres et si j'ai si longtemps refusé ma bouche à la tienne, c'est par peur de ne plus les y retrouver, ces inoubliables baisers.

MAURIAT

Chère femme (*il l'entraîne vers le canapé, ils s'y asseoient tous deux*). Alors je ne rêve pas, c'est bien fini de souffrir, tu es à moi, bien à moi de chair et d'âme et nous allons vivre heureux et des nuits et des jours !

MADAME LIVITINOF

Tu ne regrettes plus maintenant la quinzaine d'épreuves.

MAURIAT, *la saisissant aux hanches et la baisant sur la bouche.*

Je t'adore !

MADAME LIVITINOF

Ah! (*se relevant à demi*) pas encore! (*elle pose son cou sur l'épaule de Mauriat*). Regarde, emplissons-nous bien les yeux de ce ciel et de ces grands bois calmes... la gloire des amours, c'est de s'en souvenir. Ecoutons le silence!

MAURIAT, *renversé auprès d'elle, il la baise au front.*

Sais-tu que tu es poète... Je t'aime (*A ce moment une tête d'homme commence à poindre derrière la ballustrade de la terrasse, Mauriat se redresse à demi, maintenant de la main Madame Livitinof assise auprès de lui*).

Quelqu'un... non... je ne rêve pas.

(*La tête monte, dépasse la balustrade , une silhouette d'homme se dresse, enjambe la rampe de la terrasse, la lune éclaire la tête de Bois-Redon*).

De Bois-Redon (*repoussant madame Livitinof*). Ah ! misérable... et tu ne l'attendais pas

MADAME LIVITINOF

De Bois-Redon, je deviens folle... Allain, Allain, je te jure...

MAURIAT, *lui broyant les poignets.*

Allons donc... Tu as menti jusqu'à la dernière minute, sachant qu'il allait venir, tu croyais me désarmer en te livrant à moi, tu mentirais encore, si la terreur ne te tenait à la gorge... Cette fois l'heure est sonnée, il paiera pour toi (*Il se lève, prend son revolver et ajuste*).

MADAME LIVITINOF

Allain, Allain (*elle essaie de se jeter devant lui pour arrêter son tir*).

MAURIAT

Arrière, où je te tue comme lui (*il jette brutalement madame Livitinof sur le canapé et tire sur de Bois-Redon, demeure hésitant et l'oreille tendue au seuil du salon obscur. De Bois-Redon chancelle, fait quelques pas en avant et vient s'abattre au milieu du salon*).

MADAME LIVITINOF, *avec un grand cri rauque.*

Ah! Ah! (*elle fait quelques pas vers de Bois-Redon tué*). C'est horrible, ce que tu as fait là! (*elle tombe à genoux*). Il n'était pas mon amant, je te le jure!... Comment est-il ici. C'est une fatalité.

MAURIAT, *froidement.*

Vous l'avez voulu, madame (*il jette le revolver devant elle et la relève brutalement*), il n'est peut être que blessé, appelez donc vos gens (*il se dirige vers le corps de Bois-Redon*).

MADAME LIVITINOF (*se traînant par les genoux, cramponnée aux mains de Mauriat*).

Il ne me croit pas. Allain, Allain, je t'en prie, je te jure sur ce sang, sur cet homme qui est là, mort pour moi, je te jure, je n'ai jamais aimé que toi, je n'aime que toi, prends-moi, emporte-moi, emmène-moi n'importe où, loin d'ici! mais ne me laisse pas avec ce corps, ce blessé, ce...

MAURIAT

C'est le sang qui vous excite, avouez-le donc. Voilà les émotions qui réveillent vos nerfs, à vous, et la voilà, votre science de l'amour... un assassin et un cadavre (*il la relève brutalement par une torsion du poignet et la repousse*) Je devrais vous écraser comme une bête malfaisante (*Mme Livitinof tombe anéantie à genoux, appuyée contre le canapé tandis que la scène s'éclaire et que Marpha et Petchorine accourus au bruit, apportent des lampes).*

MAURIAT, *aux gens accourus.*

Qu'on prévienne la justice, c'est moi qui ai tué cet homme !

(Rideau).

D. 2498. — Paris. — Imp. FERD. IMBERT, 7, rue des Canettes.

www.ingramcontent.com/pod-product-compliance
Lightning Source LLC
LaVergne TN
LVHW010042230826
846091LV00005B/1831

* 9 7 8 2 3 2 9 4 8 4 9 4 5 *